3학년 3반 수업 일지 　과학 시간

탄소제로 작전

글·그림 **백명식** | 감수 **박규순**

글·그림 **백명식**

강화에서 태어나 서양화를 전공하고 출판사 편집장을 지냈습니다.
쓰고 그린 책으로는 400여 권이 있으며 대표작으로는《돼지 학교》(모두 40권),
《인체 과학 그림책》(모두 5권),《맛깔 나는 책》(모두 7권),
《저학년 스팀 스쿨》(모두 5권),《명탐정 꼬치》(모두 5권),《냄새 나는 책》(모두 5권),
《미생물 투성이 책》(모두 4권),《좀비 바이러스》(모두 4권),《안녕! 한국사》(모두 6권),
《나는 나비》,《사이다 탐정》(모두 5권) 등이 있습니다.
소년한국일보 일러스트상, 소년한국일보 출판부문 기획상, 중앙광고대상,
서울 일러스트상을 받았습니다.

감수 **박규순**

서울대학교 화학과를 졸업하였으며 미국 텍사스 공대에서
박사 학위를 받았습니다. 캘리포니아 주립대학교에서 박사 후
연구과정을 거쳐 콜로라도 주립대학교 연구 교수, 영국 리딩 대학교와
미국 조지타운 대학교에서 객원 교수로 재직했습니다.
국민대학교 과학기술대학 학장을 거쳐 현재 국민대학교 명예교수로 재직 중입니다.

3학년 3반 수업 일지 과학 시간
탄소제로 작전

차례

3학년 3반 친구들	6
온실가스의 정체는 무엇일까요?	12
두 얼굴의 온실가스	20
쓰레기통은 클수록 버리는 것이 많아져요	22
양념페이지 - 메탄올을 만드는 박테리아를 굶겨 죽이는 방법	24
기계는 저절로 돌아가지 않아요	28
세상 모든 것은 탄소로 만들어져 있어요	30
탄소는 지구에서 돌고 돌아요	32
대멸종이 오기 전 지구를 돌봐야 해요	34
속도를 늦춰야 해요	36
공기 중의 이산화탄소를 변화시켜 봐요	40
탄소 폭탄	46

탄소 순환	48
왜 산소가 사라지고 탄소는 늘어날까요?	50
얼음이 사라진 바다	52
탄소 저장 탱크	54
탄소 포집	56
김치에서도 이산화탄소가 나와요	58
탄소 발자국	64
탄소 제로	68
온난화로 지구의 온도가 올라가면?	70
친환경 대나무 화장지	72
자연의 청소기 갯벌	74
탄소 제로가 꼭 필요한 이유?	76

3학년 3반 친구들

하지만
새로운 도전을 멈추지 않는 열정 왕.
호기심을 갖고 궁금증을 해결 중이다.

김만두
소심해 보이지만 상냥하고 조용하다.
친구들 말을 잘 들어주는 친절 왕.

고지혜
관심사가 아니면 무시한다.
차갑고 귀찮은 말투.
나서기를 좋아하는 관심쟁이.

백미리
비꼬기 실력이 꽤 있음.
결단력이 있고 용감하다.
단점은 감정의 기복이 심하다.

오송이
소심한 성격.
엄청 사려 깊다.
속 얘기를 잘 안 한다.

밝음이 선생님
다재다능한 3반 선생님.
누구에게나 다정하고 상냥하다.
웃음이 많고 재치가 풍부하다.

나미래
학급 반장.
주위에 친구들이 많다.
똑똑하고 야무진 성격.

매일매일 뉴스!

지구의 온도가 높아지고 있어요. 산불이 나고, 숲은 불길에 싸여 연기가 자욱합니다. 헬기로 물 폭탄을 뿌리지만 불길은 여전히 잡히지 않고 있습니다.

온실가스 때문에 지구 기온이 올라가 북극의 얼음이 녹고 있어요. 북극의 얼음이 녹아 먹을 것이 없어진 북극곰들이 점점 사라지고 있습니다.

바닷물의 온도가 높아져 물고기도 살 수 없어요.
이 모두가 **온실가스** 때문입니다.
지구의 온도가 높아졌다는 뉴스가 부쩍 자주 나와요.

온실가스란?

대기 속에 있는 이산화탄소,
메탄, 아산화질소는
지구 온난화의 주범들이에요.
이를 **온실가스**라고 해요.

> 온실가스는 지구를 따뜻하게 감싸 우리가 살기에
> 적당한 온도를 유지시켜 주기 때문에, 이 기체들이 없다면
> 지구의 기온이 떨어져 너무 추워져요.
> 그러나 이 기체들이 자꾸 늘어나면 지구의 온도가 점점 높아져
> 지구 온난화가 계속될 거예요.

온실가스의 정체는 무엇일까요?

지구에 처음 등장한 원시 인류가 불을 피우기 오래전부터 대기에는 온실가스가 있었어요.
그때도 지구에는 '온실 효과'가 존재하고 있었던 거예요.
온실이란 난방장치가 된 공간으로 온도, 습도 등을 조절해 식물이 잘 자랄 수 있게 하는 구조물을 말해요.
난방장치를 통해 추위를 막고, 따뜻하게 해주는 시설이랍니다.

혹시 이것도 알아요?
만약에 온실가스가 없다면 지구의 온도가
턱이 덜덜 떨릴 정도로 추운 영하 20도는 될 거예요.
그래도 온실가스 덕분에 섭씨 15도로 딱 살기 좋은 날씨를
유지하니 온실가스에게 고맙다고 해야 하지 않을까요?

오늘저녁뉴스

간추린 뉴스입니다.

매년 인간 활동에 의한 온실가스 배출량이 빠르게 상승 중입니다.
온실가스 배출량이 늘어남에 따라 지구 온난화도 매우 빠른 속도로 진행 중입니다.

문제가 생겼어요

그런데 문제가 생겼어요.
공장이 세워지고, 자동차가 많아지고,
발전소에서는 석탄을 태우고,
가정에서는 덥다고 에어컨을 빵빵 틀어요.
그러자 지구는 열이 나기 시작했어요.
온실가스가 한층 더 두꺼워지고 대기권 바깥으로
나가지 못하는 열은 지구를 더운 사막으로 만들었어요.

주의 - 아래 범인들은 기후변화를 위협하는 무서운 녀석들이에요.

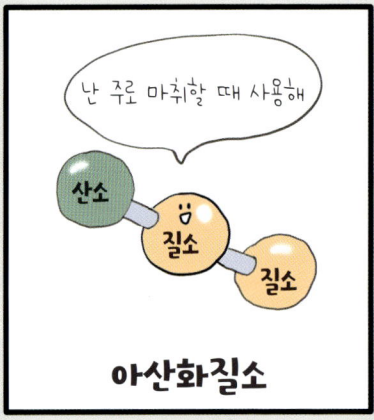

첫 번째 범인은 모두가 알고 있다시피 이산화탄소.
두 번째 범인은 이산화탄소보다 강한 온실 효과를 내는 메탄.
세 번째 범인은 웃음가스라 불리는 아산화질소.

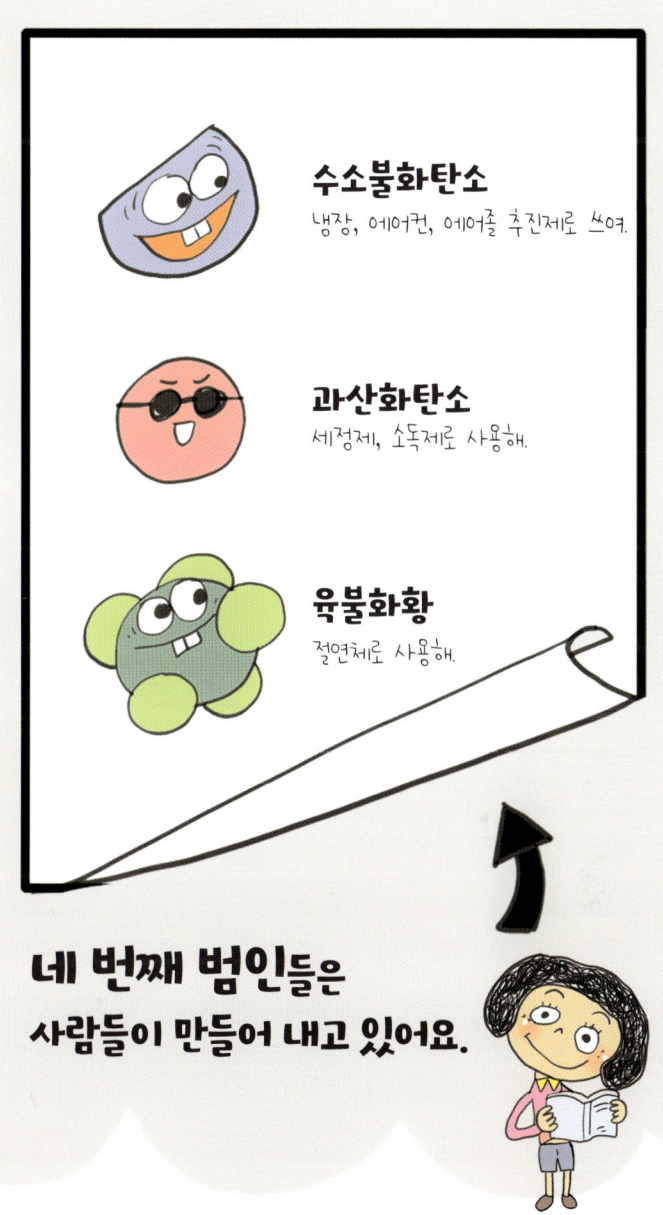

네 번째 범인은 수소불화탄소, 과산화탄소, 육불화황 등 이름도 생소한 범인들입니다.

두 얼굴의 온실가스

온실가스는 대부분 화석연료로 되어 있어요. 그중에서도 가장 많이 차지하는 것이 자동차, 비행기, 선박에서 나오는 배기가스로 주로 이산화탄소로 되어있어요. 이산화탄소가 온실가스의 주범이지요. 그런데 이산화탄소는 우리 몸의 물질대사를 돕고 있어요. 몸속 물질대사 과정에서 이산화탄소가 발생해요. 이때 이산화탄소의 양이 많아지면 호흡을 통해 밖으로 내보내요. 몸속에 흐르는 혈액의 산소 농도를 일정하게 해 주어요. 그뿐인가요. 이산화탄소는 우리 생활에 여러 가지로 이용되고 있어요.

탄산음료나 소화제를 만들 때, 불을 끄는 소화기에도 이용되고 있어요.

ㅎㅎㅎ 내가 만든 피자야. 어때 맛있어 보이지 않아?

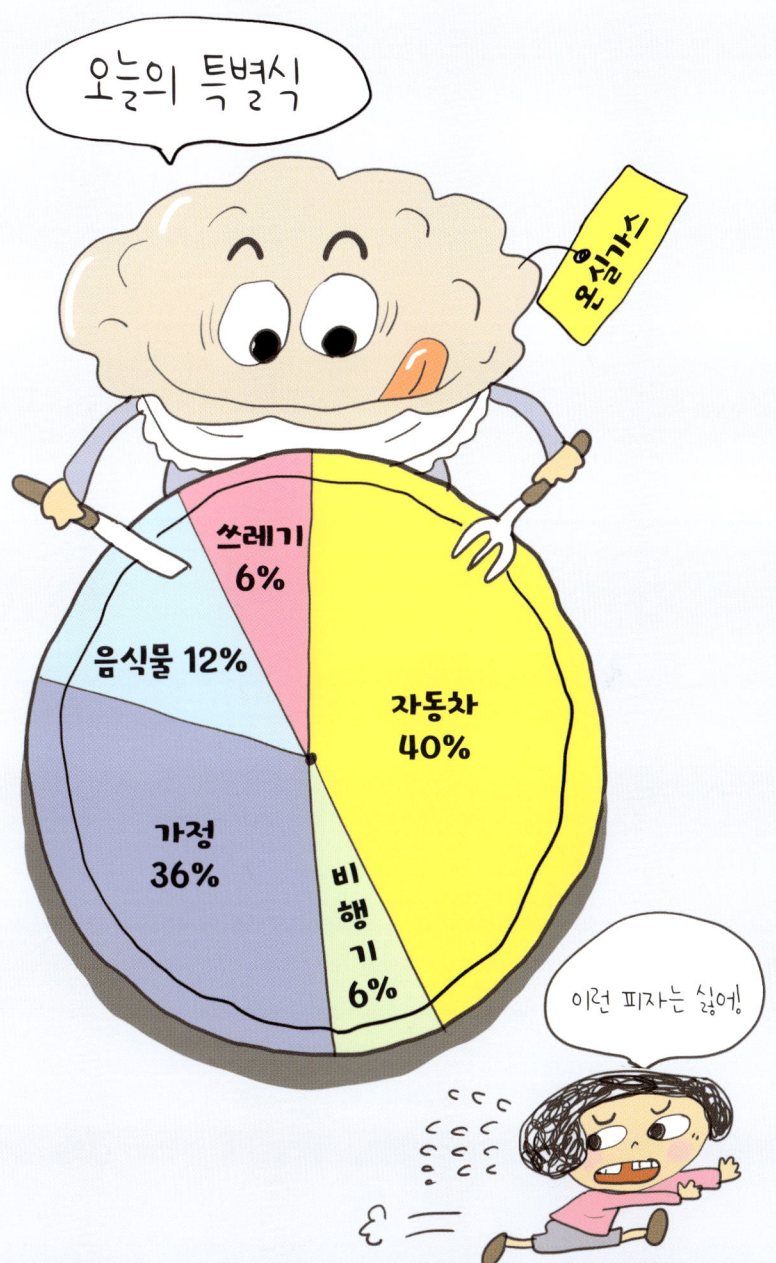

쓰레기통은 클수록 버리는 것이 많아져요

커다란 쓰레기통에 들어 있는 쓰레기는 어디론가 가야 해요.
그곳은 지구 어딘가가 될 거에요.
우선 학교 가까이에 사는 만두네 집으로 가 보아요.
자, 그럼 만두네 쓰레기통을 뒤져 볼까요?

음식 찌꺼기, 축축한 물기가 있는 잔가지*나
풀 등을 쓰레기통에 버리지 말 것.

무시 못 할 종이 쓰레기

음식물이 묻은 종이, 전화 요금 청구서,
각종 영수증, 서류, 신문, 잡지. 버리는 음식물은
지렁이 먹이나 퇴비로 만들 것.

*잔가지: 풀과 나무의 작은 가지.

아름다운 정원을 가꿔보아요.
친절한 지렁이가 만든 퇴비로 텃밭을 만들어요.
자연 친화적인 친구는 누가 뭐래도 지렁이랍니다.
지렁이는 자기 몸무게의 20~30배의 흙과 유기물을 먹어요.
지렁이는 이를 분해해 작물이 잘 자랄 수 있게 질 좋은 흙을 만들어요. 이렇게 지렁이 몸을 통과하는 흙은 300평당 5~100톤이나 된다고 해요.

고마워! 지렁아

지렁이 똥 속에는 이로운 세균과 질소, 인산, 칼륨 등 식물이 좋아하는 양분이 가득해요.
또 지렁이가 싼 똥은 물과 공기가 잘 통하는 공간이 있어 흙의 생산성을 좋게 한답니다.

나들이 갈 때, 아빠 출근길에, 엄마가 마트에 갈 때
어디를 가나 자동차를 타고 갑니다.
사람들은 평생 동안 이산화탄소를 내뿜으면서 살아요.
자동차를 타고, 비행기를 타고 먼 여행을 가고,
맛있는 음식을 먹고, 따뜻하게 난방을 하고,
더우면 시원하게 에어컨을 틀어요.
이 모든 것에서 이산화탄소가 숭숭 뿜어져 나온답니다.
그래서 이거 한 가지는 꼭 알아두어야 해요.
이런 행동들이 지구 미래에는 어두운 유산으로
남게 된다는 사실!

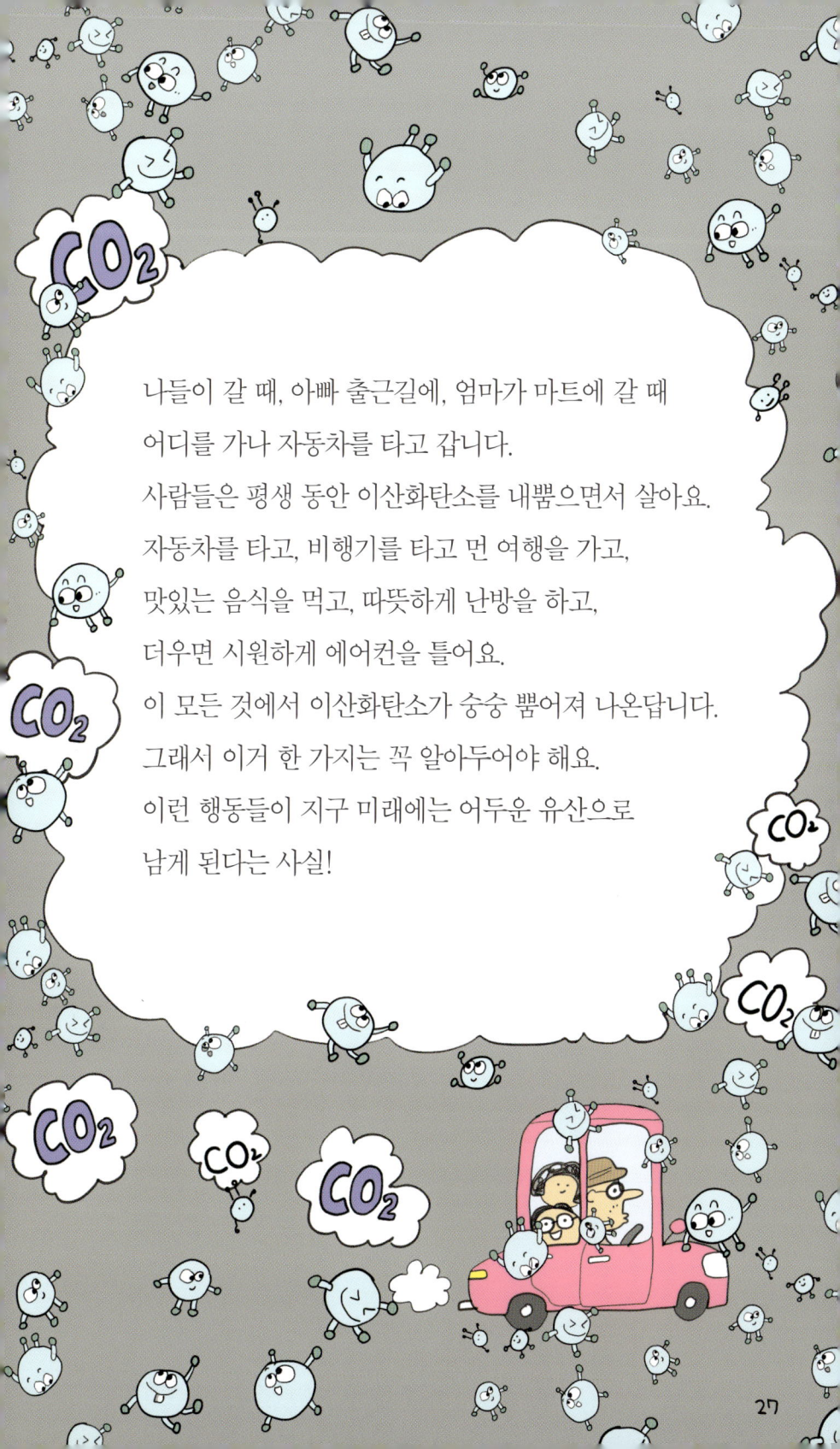

기계는 저절로 돌아가지 않아요

기계를 돌리려면 에너지가 필요해요.
이 에너지를 만들기 위해서는 탄소와 수소 화합물인 석유와
석탄이 필요해요.

석유와 석탄이 없으면 물건을 실어 나르는
자동차, 배, 비행기 등을 움직일 수가 없어요.
전기를 일으키는 발전소도 석유, 석탄, 가스를
태워 얻은 에너지로 터빈*을 돌려 전기를 만들어요.

*터빈: 높은 압력의 기체와 액체를 날개바퀴의
날개에 부딪치게 함으로써 회전하는 힘을 얻는 원동기.

탄소가 없으면 기계는 움직일 수 없어요

세상 모든 것은 탄소로 만들어져 있어요

이 책을 읽는 여러분도 탄소 화합물이에요.
플라스틱, 나무, 알코올, 석유, 석회암,
엄마 아빠가 즐겨 마시는 커피에 들어 있는
카페인까지도.

모두 모두 탄소 화합물!

탄소는 어떤 물질과도 합해져
또 다른 물질을 만들어 내는 마술사랍니다.
탄소가 없으면 이 세상 생물이나 무생물은 존재할 수 없어요.

탄소는 지구에서 돌고 돌아요

먼 옛날 티라노사우루스가 살던 공룡 시대의 탄소량과
현재 우리가 살고 있는 지구의 탄소량은 같아요.
하지만 지구의 이산화탄소 농도는 점점 늘어나고 있어요.
410만 년 만의 기후 위기라고 볼 수 있어요.
지구 역사상 가장 큰 위기는 고생대 마지막 시기인
페름기* 말에 공룡 대멸종이 있었어요.
공룡뿐만 아니라 대부분의 생물이 멸종했어요.
그때는 이산화탄소의 농도가 지금보다 훨씬
많았다고 해요.
그 시기, 생물의 대멸종이 있었어요.

*페름기: 고생대의 마지막 시대로, 약 2억 9000만 년 전부터 2억 4500만 년 전까지의 시기를 말한다.

대멸종의 원인은 여러 가지가 있어요.

물리적 충돌, 소행성이나 운석이 떨어지거나 대형 화산이 연쇄적으로 폭발하는 일이 벌어졌어요.

기후 변화, 가장 유력한 증거가 될 수 있어요. 운석 충돌로 생긴 먼지의 영향과 화산폭발로 생긴 화산재가 대기를 뒤덮어 기온이 내려가 대멸종이 일어났어요.

해수면의 변화, 기온 때문에 해수면이 높아져 인류를 포함한 생물권의 먹이사슬이 망가졌어요. 하지만 이 또한 대멸종의 원인은 아니에요.

속도를 늦춰야 해요

이산화탄소로 인한 지구 온난화가 그리
위험한 수치가 아니라고 판단할 수도 있겠죠?
'정말 다행이다'라고 생각하면 큰 오산이에요.
여기서 우리가 짚고 넘어가야 할 문제가 있어요.
바로 시간입니다.
이산화탄소의 농도가 지금의 20배나 많았던
페름기보다 10배나 빠른 속도로
이산화탄소가 늘어나고 있다는 사실!

심각한 것은?
페름기 때보다……。

10배 빠르게 바다가 산성화되고,

10배 기온이 빨리 올라가고,

10배 이상 바닷속 플랑크톤과 산호초가 사라지고,

탄소가 지구의 대기 중으로 퍼지며
속도가 그때보다

빠르다는 것이 문제입니다.

공기 중의 이산화탄소를 변화시켜 봐요

이산화탄소가 바다로 들어오면 바닷물에 의해
탄산이온으로 변해요.
탄산이온은 육지로부터 밀려들어 온 칼슘금속과 합해져
탄산칼슘으로 변해요.
탄산칼슘은 시간이 지나면서 단단해지고 단단해져
딱딱한 석회암으로 변해요.
이렇게 대기 속에 이산화탄소가 석회암이 되기까지는
약 10만 년 정도가 걸린다고 해요.

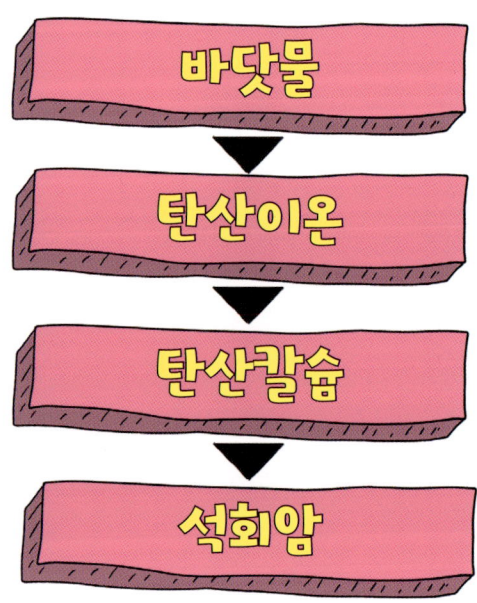

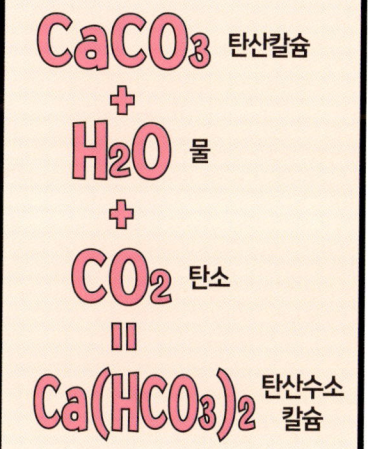
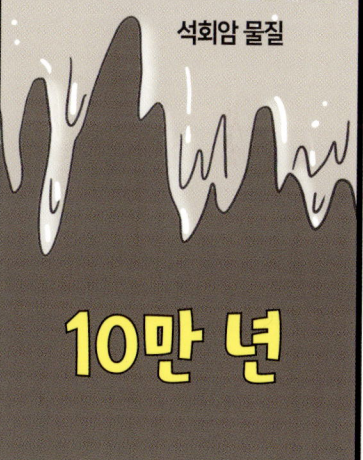

온난화로 지구는

100년 후

해수면의 높이가 1미터 정도 높아진다

북극의 툰드라*나 시베리아 지역에는 영구동토층*이 있어요.
수천 년 수억 년 동안 얼어 있는 땅이에요.
이곳에서도 기후 변화가 일어났어요.
지구에서 가장 추운 이곳이 한여름 날씨보다 더 더워
땅이 녹기 시작한 거예요.
수억 년 동안 생물과 무생물이 묻혀 만들어 낸 고압축
탄소층이지요.
이 층이 녹으면서 상상도 못 할 무시무시한 위력을 가진
탄소 폭탄이 되는 겁니다.
이 폭탄이 터지면 북극은 물론 지구 전체가 어마어마한
탄소로 뒤덮일 거예요.
상상 속에서나 일어나는 일이 아니에요. 지구 온난화가 계
속되는 한 언젠가는 실제로 일어날 수 있어요.

*툰드라: 스칸디나비아 반도 북부에서부터 시베리아 북부, 알래스카 및 캐나다 북부에 걸쳐 타이가 지대의 북쪽 북극해 연안에 분포하는 넓은 벌판으로, 연중 대부분은 눈과 얼음으로 덮여 있다.

*영구동토층: 월평균 기온이 영하인 달이 6개월 이상으로 땅속이 1년 내내 언 상태로 있는 지대.

인류가 사라지지 않는 한
이산화탄소는 계속해서
늘어날 테니까요.

탄소 순환

탄소는 지구를 돌고 돌아요.
대기를 떠돌던 이산화탄소는 식물의 광합성으로
식물에 흡수되고, 유기물이나 무기물에 존재해 있던
탄소는 땅속에 묻혀 오랜 시간이 지나
탄소 화합물로 변해요.
탄소 화합물로 된 화석 연료는 석유나 석탄으로
연소 과정을 통해 다시 대기로 돌아와요.

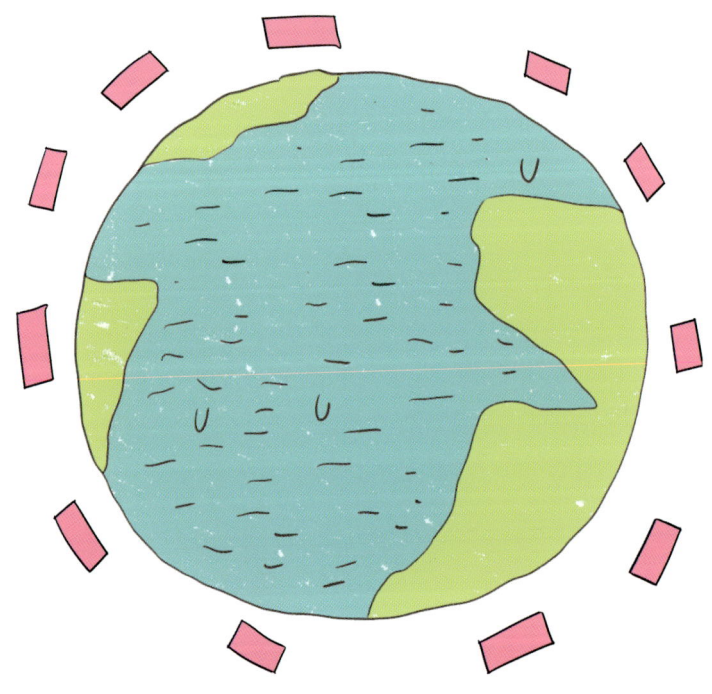

왜 산소가 사라지고 탄소는 늘어날까요?

탄소의 양이 증가하는 이유는 다양해요. 우주에서 날아온
운석과 충돌해도 늘어나고, 화산이 폭발해 땅속에 있던
탄소가 밖으로 나와 늘어나기도 해요.
그렇지만 이렇게 생긴 탄소는 사람들이 만들어 내는
탄소의 양보다 훨씬 적어요.

언젠가부터 사람들은 생각했어요.
나무를 많이 심어 이산화탄소를 줄이려 했어요.
그러나 아쉽게도 한번 생긴 이산화탄소는
몇백 년 동안 사라지지 않아요.
반대로 산소는 모든 생물이 필요로 하기 때문에
쉴 새 없이 사라져요.
나무가 내뿜는 산소는 이산화탄소로 가득 찬
대기 속에 갇혀 이산화탄소가 되어 버려요.

얼음이 사라진 바다

북극과 남극에는 일 년 내내 녹지 않는 얼음이 있어요.
북극에는 바다 위에 얼음덩어리로
남극에는 땅 위에 내린 눈이 얼어 쌓인
얼음덩어리로 존재해요.
이 얼음덩어리를 빙하라고 해요.

만약에 이 빙하가 전부 녹아 버리면 짠물인 바닷물은 민물이 되어 버려요.
민물은 바닷물보다 밀도가 낮아, 소금기 있는 바다에 살던 생물들은 살 수 없게 돼요.
빙하가 사라진 바다는 많은 양의 햇빛을 흡수하게 됩니다.
많은 양의 햇빛을 받은 바다는 온도가 올라가 바닷속 산소가 점점 줄어들고 죽음의 바다가 될 거예요.

탄소 저장 탱크

탄소를 저장 탱크에 넣고 지하에 묻어 버리면 어떨까요?
누가 들어도 참 좋은 방법이지요?
바로 **탄소 포집* 활용 저장 기술**입니다.
공기 중에 배출되는 이산화탄소를 모아 모아서
활용하고 저장하는 기술이에요.
탄소 포집 기술은 1930년대부터 시작되었어요.
지하수가 흐르는 깊은 대수층*에 이산화탄소를 저장해요.

*포집: 여러 가지 방법으로 일정한 물질 속에 있는 아주 적은 분량의 성분을 분리하여 잡아 모으는 일.
*대수층: 지하수가 있는 지층.

탄소 포집?
떠도는 탄소를 잡는다?

대기 중에 떠도는 산소, 질소 등 수많은 물질 중 탄소만
꼭 집어낼 수 있을까요?
어디로 가면 탄소가 많을까요?
공장이 많은 곳으로 가면 이산화탄소가 굴뚝에서
무더기로 나오겠지요?
탄소 포집이란 공장 굴뚝 등 탄소가 많이 발생하는 곳에
탄소를 모으는 장치를 하는 거예요.
그런데 탄소를 모으는 장치를 하려면 문제점이 있어요.
탄소 포집 장치에도 에너지가 필요해요.
이산화탄소 100톤을 빨아들이려면 110톤의 이산화탄소가
발생한다는 사실!

포집

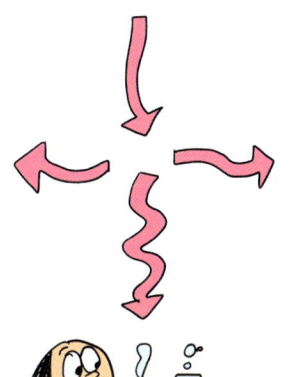

활용

탄소 포집의 장단점

장점 지구 온난화를 늦출 수 있고 포집된 이산화탄소를 활용할 수 있어요.

단점 비용이 많이 들고 에너지 손실이 너무 커요. 포집된 이산화탄소의 저장과 관리가 필요해요. 만약 저장고가 사고로 인해 폭발하거나 터지면 위험해요.

김치에서도 이산화탄소가 나와요

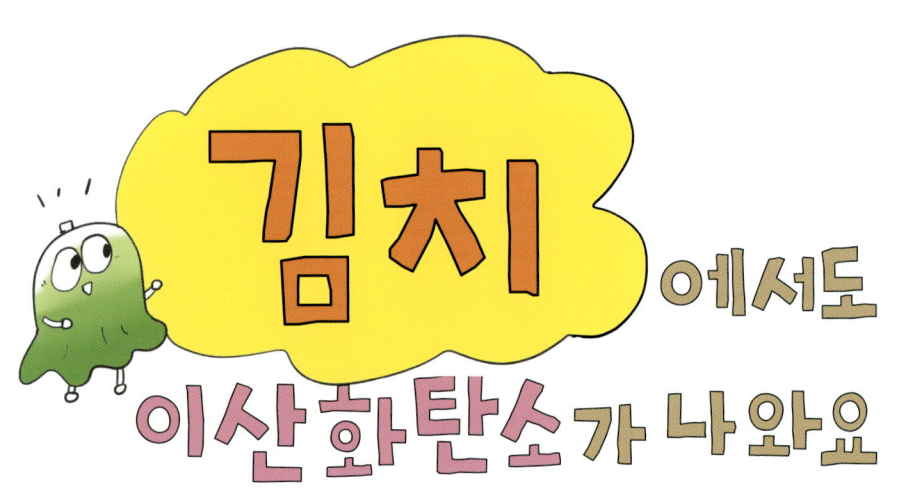

버려지는 음식물

과일과 채소의 절반은 손도 대지 않은 채 쓰레기로 변해요. 음식은 넘쳐 나지만 세상에는 굶주리는 사람들이 늘어나고 있어요. 이상기후*로 인해 자연재해*가 늘어나고 그로 인해 식량이 줄어들었기 때문이에요.
식량을 대량으로 사고 남아서 쉽게 버리는 사람이 있는 반면, 기아로 굶어 죽는 사람들도 있어요.

*이상 기후: 기온이나 강수량 따위가 정상적인 상태를 벗어난 상태.

*자연재해: 태풍, 가뭄, 홍수, 지진, 화산 폭발, 해일 따위의 피할 수 없는 자연 현상으로 인하여 일어나는 재해.

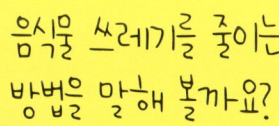

음식물 쓰레기를 줄이는
방법을 말해 볼까요?

먹을 만큼만 조리해
잔반을 줄여요.

싫어하는 음식은 먹지 않아요.

저탄소 식생활을 위한 식단을 짜요.

하지만 그건 올바른 방법이
아닌 거 같은데...

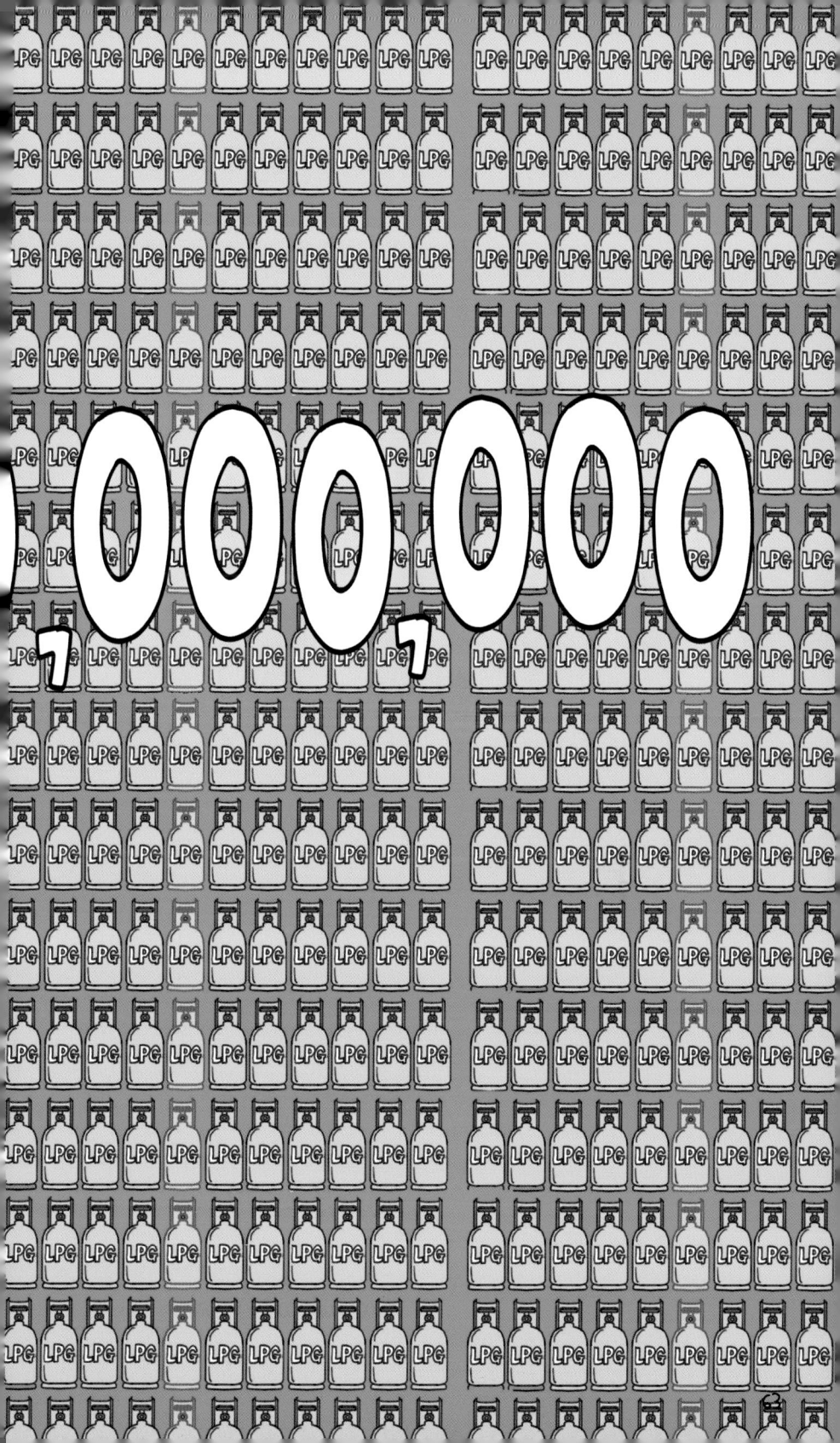

탄소 발자국

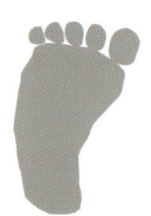

탄소 발자국이 뭐지?

대기 속에는 보이지 않는 발자국이 무수히 찍혀 있어요.
누군가가 만든 탄소 발자국을 볼 수 있는
특수 안경을 끼고 하늘을 보세요.
수없이 찍힌 탄소 발자국이 보일 거예요.
바로 탄소가 남긴 발자국이에요.
사람들이 사용하는 생활용품을 만들고, 사고, 팔고,
그리고 이 모든 것들을 먼 곳까지 실어 나르고
버려지는 데서 나오는 온실가스 배출량을
이산화탄소 배출량으로 환산한 거지요.
탄소 발자국의 수치를 보면 그 제품이
지구 온난화에 미치는 영향을 알 수 있어요.

하늘을 아무리 보아도 발자국이 보이지 않아요.

오호호. 당연히 보이지 않겠지요.
탄소 발자국이란 일상생활 속에서
발생하는 온실가스를 말해요.
특히 이산화탄소의 양을 말하지요.
숫자가 클수록 이산화탄소 배출량이
많다는 뜻이에요.

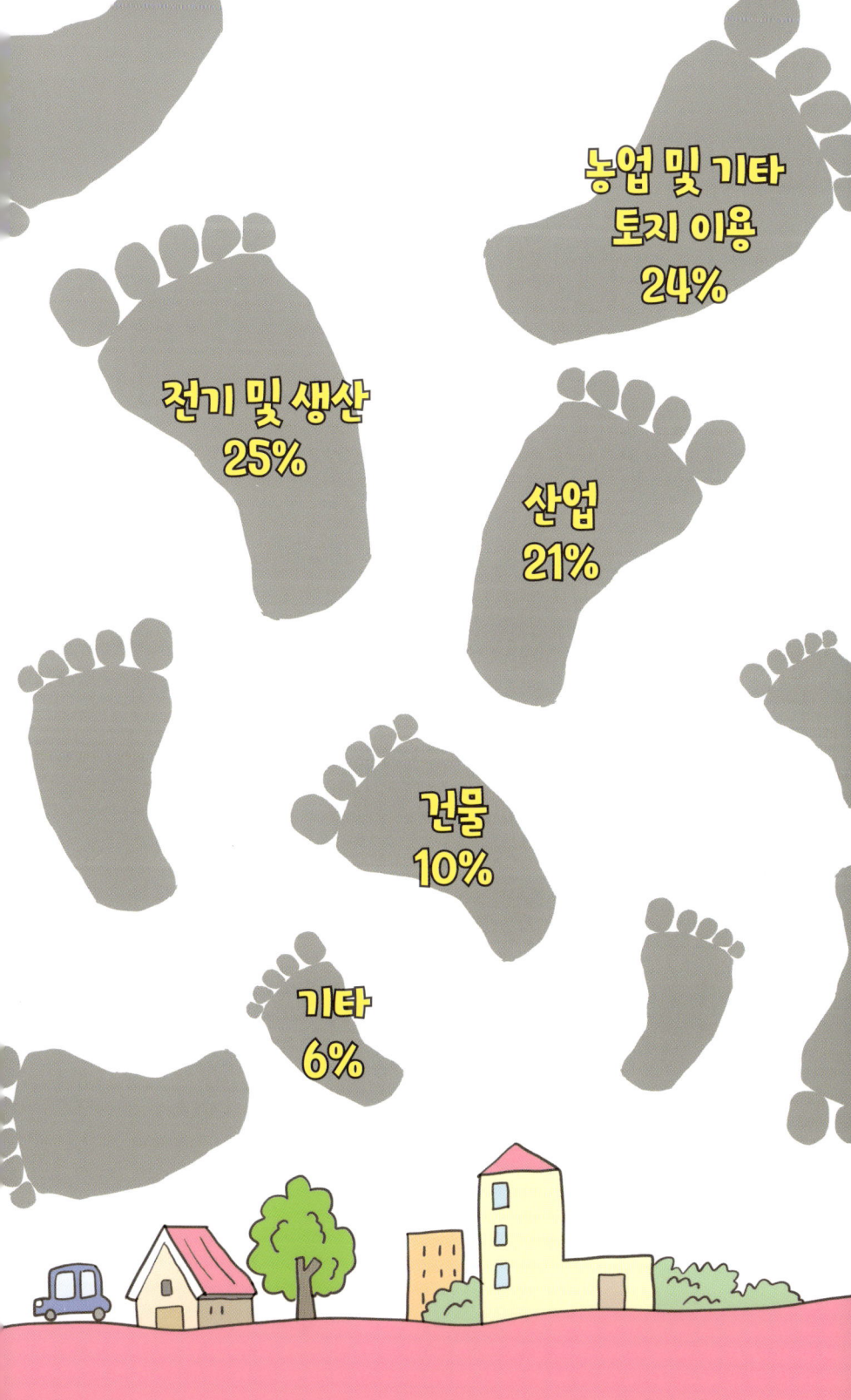

우리나라에서도 탄소 발자국 상표와
환경 성적 표시 상표를 실시하고 있어요.

탄소 발자국은…

탄소 발자국은 2단계의 인증 절차로 되어 있어요.
온실가스 배출량을 정부가 인증했다는 뜻입니다.

탄소 발자국 표기 단위는 킬로그램 혹은 이산화탄소를
제로로 만들기 위해 필요한 나무의 그루 수로 표기해요.

사람들이 배출한 이산화탄소의 약 55퍼센트는
육지나 바다가 흡수해요.
나머지 45퍼센트는 대기 중에 남아 있어
이 대기 중에 있는 이산화탄소를 0으로 만드는
정책이 **탄소 제로** 정책입니다.

잊지 말아야 할 사실은 이산화탄소는
한번 대기 중에 머물면 적어도 200년 가까이
그대로 존재한다는 거예요.
지금 당장 이산화탄소를 줄인다고 해도 어제 배출한
이산화탄소는 앞으로 200년 동안은
대기 속에 존재한다는 거지요.

온난화로 지구의 온도가 올라가면?

산업혁명 이후 200년도 되지 않는 기간 동안
지구의 평균 기온은 1도 이상 올라갔어요.
기온의 상승은 앞으로 더 빨라질 거예요.
이대로라면 30년 뒤인 2054년의 지구 평균 기온은
현재보다 2.4도가 더 올라갈 수 있어요.
이렇게 기온이 오르면 지구는 메말라 갈 수밖에 없어요.
메마른 기후가 계속되면 지구의 24~34퍼센트가 사막이
되어 버릴지도 몰라요.

친환경 대나무 화장지

보통 화장지는 나무의 펄프로 만들지만,
대나무로 만든 화장지는 여러 가지 장점이 있어요.
빠르게 자란다는 것이지요.
화장지로 쓰이는 나무가 자라는 시간은 보통 6년,
많게는 30년이 걸린다고 해요.
그런 반면 대나무는 하루에 최대 1미터씩 빠르게 자라요.
빠르게 자라는 대나무는 다른 나무들보다
산소 발생 수치가 35퍼센트가 높아 이산화탄소를 없애는데
큰 역할을 해요.
무엇보다 살충제나 화학 비료 없이 스스로 잘 자라요.
짱짱한 섬유질은 부드럽고 먼지가 날리지 않아
화장지로서 최고랍니다.

자연의 청소기 갯벌

갯벌은 오염된 바다를 정화시켜 준다고 해서
자연의 콩팥이라고 해요.
나무가 있는 숲이 이산화탄소를 없애고
산소를 만들어 내지만, 갯벌은 숲의 나무보다
적은 규모로도 탄소를 흡수하는 양이 많아요.

우리나라 갯벌은 2021년 7월 유네스코
세계자연유산에 등재되었어요.
우리나라 갯벌에서만 1년 동안 승용차 11만 대가
내뿜는 이산화탄소를 흡수한다고 해요.

탄소제로가 꼭

이산화탄소의 증가로 지구의 온도가 올라가면
농업이 불가능할 정도로 기후 변화가 생겨요.
물 부족으로 가뭄이 계속되면 농업 생산량이 줄어들어
식량 기근*이 일어나요.

빙하가 녹아 해수면이 올라가면 생물의 종도
줄어들고 연안에 있는 도시들이
물에 잠기게 됩니다.

*기근: 흉년으로 먹을 양식이 부족한 상태

필요한 이유?

이산화탄소가 많아진 바닷물은
다시 이산화탄소를 흡수해요.
이런 결과로 바닷물이
산성화되어 버리는 거예요.
바다 생태계가 무너지고
우리가 먹을 수 있는
식량이 줄어들게 되지요.
그래서 기온이 올라간다는 것은
지구의 생태계가 무너진다
라고 말할 수 있어요.

탄소 배출량을 줄이는 것은
전 지구적으로 지속적인 관심이 필요한 프로젝트예요.
오늘 수업은 이렇게 끝나지만 생활 속에서
탄소를 줄일 수 있는 방법에 대해 생각해 봐요.

작은 변화만이라도 환경에는 긍정적인 영향을
미칠 수 있다는 점을 꼭 기억해요.

3학년 3반 수업 일지-과학(시리즈)

1. 탄소 제로 작전
2. 부지런한 세균씨
3. 플라스틱의 정체
4. 생체공학의 변신
5. 생명을 꿈꾸는 로봇
6. 게놈 프로젝트
7. 마법의 스마트기기
8. 무한에너지

초판 1쇄 인쇄 2024년 6월 20일
초판 1쇄 발행 2024년 6월 27일

글·그림 백명식
감수 박규순
펴낸곳 도서출판 작은씨앗
펴낸이 박광규
기획·마케팅 안병휘
편집·진행 이혜진
디자인 심서령

출판등록 제2023-000044호
주소 인천광역시 서구 검단로446, 108동 502호
전화 031-941-8363 | Fax 031-941-8364
e-mail jk-books@daum.net
발행처 도서출판 제이케이

ⓒ2024 백명식

ISBN 979-11-966280-9-3
　　　979-11-966280-1-7(세트)

잘못된 책은 구입하신 서점에서 바꾸어 드립니다.
값은 표지 뒤에 있습니다.